Das große Abenteuer-Geschichtenbuch für Erstleser

Von besten Freunden, Eisbären und Delfinen

Mit Silbentrennung zum leichteren Lesenlernen

Liebe Eltern,

jedes Kind ist anders. Eines kennt bereits alle Buchstaben in der
Vorschule und kann sie zu Wörtern formen. Ein anderes lernt
das Abc beim Eintritt in die Schule. Für das spätere Leseverhalten
ist das völlig unerheblich. Wichtig aber ist der Spaß am Lesen –
und zwar von Anfang an. Darum muss sich die konzeptionelle
Entwicklung von Lesetexten an den unterschiedlichen
Lernentwicklungen der Kinder orientieren.

Dieser **Sonderband mit Silbentrennung** erleichtert Leseanfängern das Lesenlernen in besonderem Maße. Die Texte sind
in übersichtliche Leseeinheiten mit kurzen Zeilen unterteilt und
die Wörter silbisch dunkelblau/blau gedruckt. Die Aufgliederung
in Sprechsilben hilft dabei, ein Wort richtig lesen und verstehen
zu können. Fast immer entsprechen die Sprechsilben auch der
Worttrennung nach Schreibsilben. In einigen Fällen werden
Wörter anders markiert, zum Beispiel bei der Trennung einzelner
Vokale. So können Leseanfänger jede Sprechsilbe erkennen:
Idee, Radio. Durch die Abstufung dunkelblau/blau bleibt
das Wort dennoch als erkennbare Einheit erhalten.

Lustige Leserätsel unterstützen das Textverständnis
und regen zum Nachdenken und zum Gespräch
über die Geschichte an. Denn Kinder, die viel
Gelegenheit zum Sprechen haben, lernen
auch schneller lesen.

In Zusammenarbeit mit
westermann

Das große Abenteuer-Geschichtenbuch für Erstleser

Von besten Freunden, Eisbären und Delfinen

Mit Silbentrennung zum leichteren Lesenlernen

Mit Bilder- und Leserätseln

MIX
Papier aus verantwor-
lungsvollen Quellen
FSC® C110508

FSC
www.fsc.org

1. Auflage 2019
© Arena Verlag GmbH, 2019
Rottendorfer Straße 16, D-97074 Würzburg
Alle Rechte vorbehalten
Einbandillustration: Hans-Günther Döring
Gesamtherstellung: Westermann Druck Zwickau GmbH
ISBN 978-3-401-71364-9

www.arena-verlag.de

Inhaltsverzeichnis

Sandra Grimm wurde 1974 in Norddeutschland geboren und ritzte schon mit sechs Jahren ihre ersten Schreibübungen in eine Bürotür. Nachdem sie zwischendurch als Diplompädagogin und Verlagslektorin tätig war, schreibt und dichtet sie heute wieder in einem norddeutschen Büro, allerdings lieber am eigenen Computer als an fremden Türen.

Thorsten Saleina, geboren 1970 in Stade, studierte Kommunikationsdesign an der Hochschule für Angewandte Wissenschaften in Hamburg. Nach seinem Studium konzipierte und gestaltete er beinahe zehn Jahre als Grafik-Designer in diversen Werbeagenturen Kampagnen und Corporate Identities, bis er sich endgültig dazu entschloss, verstärkt seiner tatsächlichen Leidenschaft, dem Zeichnen, nachzugehen. Heute illustriert er Bücher für Kinder und Erwachsene und lebt und arbeitet in Hamburg.

Sandra Grimm

Gestatten: Niesbert von Eichenlaub!

Baumhausgeschichten

Mit Bildern von Thorsten Saleina

Inhalt

Das Geheimnis im Wald

Luca entdeckt etwas Tolles:
ein geheimes Baumhaus.

Es hockt versteckt
zwischen den Bäumen.

Luca holt sofort
seine Freunde Paul und Sofie.

Zusammen klettern sie
in das alte Baumhaus.

Oh, da sitzt schon einer!

„Wer bist du?",
fragt Luca verblüfft.

„Ich bin Niesbert von Eichenlaub.
Mir gehört das Baumhaus.
Hatschi!"

15

Luca lacht.

„Nein, uns gehört das Baumhaus."

„Hatschi!"

Niesbert reibt sich die Nase.

„Dies ist mein Baumhaus.

Schon seit 500 Jahren.

So wahr ich ein Gespenst bin!"

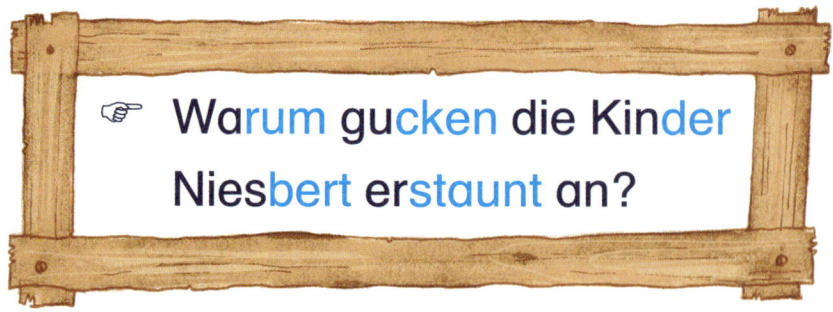

☞ Warum gucken die Kinder
Niesbert erstaunt an?

Da hat Luca eine Idee.
„Lass uns wetten.
Wenn wir gewinnen,
dürfen wir ins Baumhaus."

Niesbert ist einverstanden.
Er sagt grinsend:
„Ich verstecke mich.
Wenn ihr mich findet,
habt ihr gewonnen."

Dann macht er sich unsichtbar.
„Das ist gemein!", ruft Sofie.
„Komm sofort zurück!"

Aber Niesbert bleibt verschwunden.
Sofie, Paul und Luca
müssen ihn suchen.

Doch als Paul in eine Höhle schaut,
hört er ein Geräusch: „Hatschi!"

Paul lacht und ruft:
„Ich habe das Gespenst gefunden
Oder können Füchse niesen?"

Niesbert schwebt beleidigt hervor.
„Na und?", meckert er.
„Dann bleiben wir eben
zusammen im Baumhaus.
Mir war sowieso langweilig."

Luca, Sofie und Paul jubeln.

☞ Welchem Tier gehört die Höhle, in der Niesbert sich versteckt?

Ein Fest für Niesbert

Luca, Sofie und Paul
verschönern
das Baumhaus.

Sie räumen auf
und schneiden
Blätter und Äste weg.

Am Nachmittag
kommt Sofies Mutter.
Sie will einen Teppich
und Gardinen bringen.

21

Die drei Freunde gehen solange
auf Beute-Suche.
Sie wollen mit Niesbert
ein Einweihungs-Fest feiern.

Luca bekommt zu Hause
Schokolade, Chips und Kirschsaft.

Sofie mopst bei ihrem Opa
ein paar Stücke Apfelkuchen.
Das darf sie: Opa zwinkert ihr zu.

☞ Woran erkennt man, dass Sofies Opa
mit dem Apfelkuchen-Klau einverstanden ist?

Paul entdeckt auf dem Dachboden
Laternen zum Aufhängen.

Doch als sie zum Baumhaus kommen,
ist es dort ganz still.

„Niesbert, wo bist du?", ruft Luca.
Das Baumhaus hat jetzt rote Gardinen
und einen blauen Teppich.

Sie beginnen, Niesbert zu suchen.
Doch er bleibt verschwunden.

„Ob ihm etwas passiert ist?",
überlegt Sofie.

Die Freunde laufen zu Sofies Mama.
Vielleicht hat sie etwas bemerkt,
als sie beim Baumhaus war?

„Nein", erklärt Sofies Mama.
„Ich war nur kurz da.
Aber ich habe
eure Tischdecke gewaschen.
Sie hängt draußen an der Leine."

Luca, Sofie und Paul
sehen sich erstaunt an.
Was für eine Tischdecke?

Draußen
an der Wäscheleine hängt –
Niesbert!

Er zappelt und zerrt,
aber fünf Wäscheklammern
halten ihn fest an der Leine.

Die Freunde lachen.
Dann helfen sie Niesbert.

Luca trägt das schlappe Gespenst
bis zum Baumhaus.

Dort sieht Niesbert den Kirschsaft.
„Darf ich davon trinken?",
fragt er höflich.

Er trinkt gierig.
Aber Niesbert ist ein Gespenst.
Er kann nicht essen und trinken!

„Igitt, dein ganzes Hemd ist rot!",
ruft Sofie lachend.

„Hatschi!",
niest Niesbert glücklich.
„Na, dann passe ich lieber auf,
dass deine Mama mich nicht
noch einmal erwischt!"

☞ Was macht Sofies Mama mit Niesbert,
wenn sie ihn so fleckig sieht?

Die wollen das Baumhaus klauen!

Eines Tages stehen plötzlich
die Drillinge Mia, Mats und Max
vor dem Baumhaus.

„Werft die Strickleiter runter!",
rufen sie.
„Wir sind jetzt dran."

Erstaunt sehen Luca, Sofie und Paul
zu ihnen hinunter.
„Ihr seid dran? Womit?",
fragt Paul verwirrt.

„Mit dem Baumhaus natürlich",
antwortet Mats.
„Ihr habt es ja nur gefunden,
also gehört es euch nicht."

„Natürlich gehört es uns.
Das bekommt ihr nie!",
ruft Sofie hinunter.

Die Drillinge verschwinden.
Doch kurz darauf
werfen sie mit Kastanien!

Eine trifft Paul sogar am Kopf.

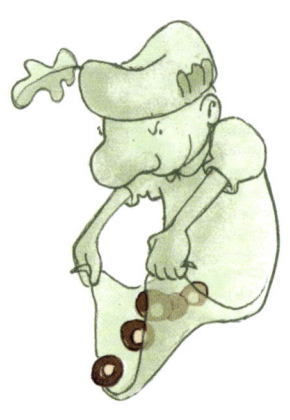

Zum Glück hilft Niesbert ihnen.
Unsichtbar fängt er die Kastanien
mit seinem Gespenster-Hemd.
Und lässt sie alle nach unten fallen.

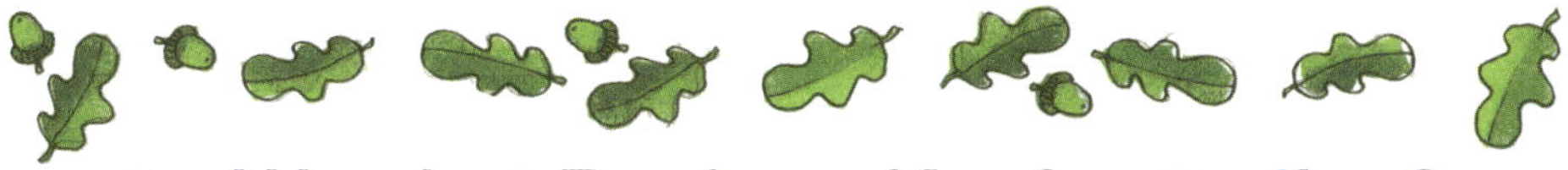

☞ Was hat Paul am Kopf getroffen?

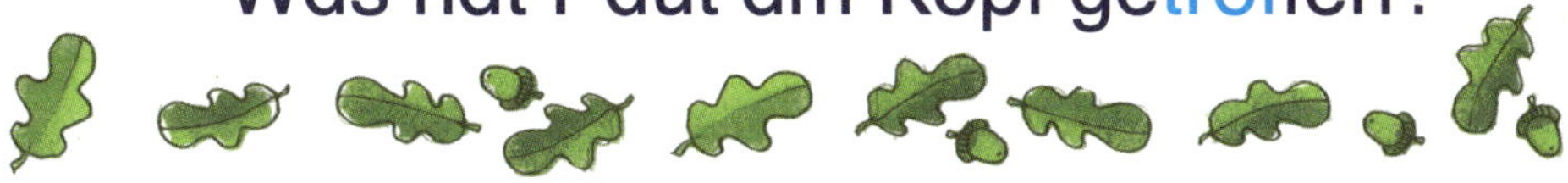

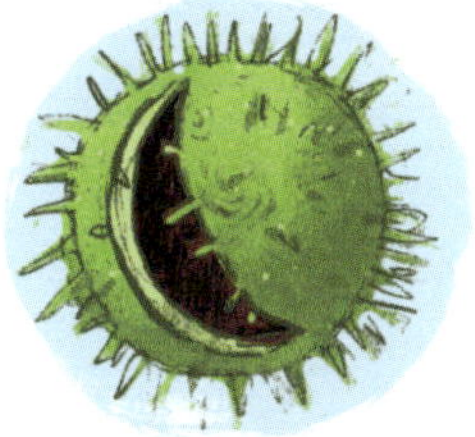

33

„Autsch!", kreischt Max.
„Na wartet!"

Gleich darauf
spritzen sie
mit riesigen
Wasserpistolen.

Doch auch hier
hilft Niesbert:
Er hält sein Hemd
über Luca, Sofie und Paul.

Dann wringt er es einfach
über den Drillingen aus.

Mia, Mats und Max
sehen Niesbert natürlich nicht.

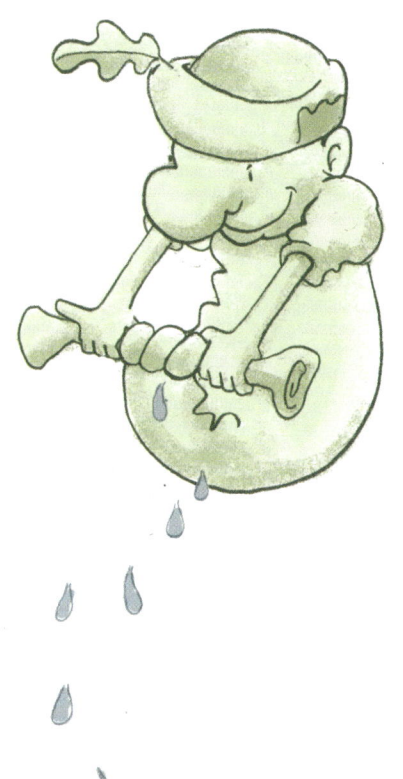

Sie merken nur,
wie sie vom Wasser
pitschnass werden.

Als dann noch
morsche Äste herunterfallen,
haben sie genug.

„Das Baumhaus
ist ja total kaputt",
ruft Mats empört.
„Das könnt ihr behalten!"

Wütend marschieren sie davon.

Luca, Sofie und Paul klatschen.
„Gut gemacht, Niesbert",
findet Luca.
„Du bist das beste Gespenst der Welt!"

Niesbert lächelt.
Und vor lauter Freude
wird sein Hemd ganz rosa.

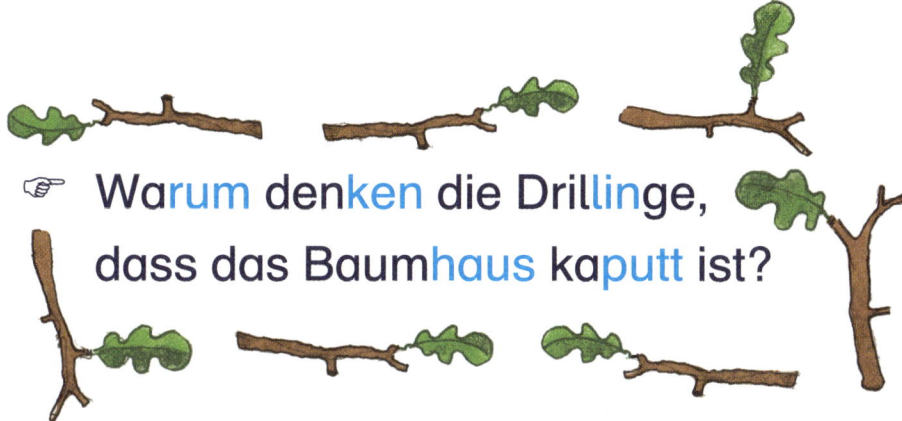

☞ Warum denken die Drillinge,
dass das Baumhaus kaputt ist?

Eine gruselige Nacht

Heute ist Samstag.
Luca wünscht sich
eine Nacht im Baumhaus.

Und sein Papa kommt
als Aufpasser mit.

Sie machen ein Lagerfeuer
und grillen Würstchen.

Niesbert schaut neugierig zu.
Lucas Papa weiß davon
natürlich nichts.

☞ Wo versteckt sich Niesbert?

Als es dunkel wird,
erzählt Lucas Papa
eine Gespenster-Geschichte.
Luca, Sofie und Paul kichern.

„Ist es nicht gruselig genug?",
fragt Lucas Papa verwundert.
„Doch, doch", meint Luca.
„Wir können sicher nicht einschlafen."

Lucas Papa schmunzelt.
„Wirklich? Ich grusele mich nie."

Aber kaum hat er
die Taschenlampe ausgemacht,
raschelt es kräftig.

„Das sind die Blätter",
meint Lucas Papa gähnend.

Als Nächstes flattern die Gardinen.
Die Fensterläden klappern,
und die Dachbretter knarzen.

„Das ist nur der Wind",
sagt Lucas Papa langsam.

Dann stöhnt jemand.
Lucas Papa setzt sich auf.

Etwas zieht ihn am Ärmel.
„Ah!", ruft Lucas Papa.
Ihm stehen die Haare zu Berge.

Luca, Sofie und Paul lachen.
„Papa, das war doch nur der Wind",
sagt Luca grinsend.
„Oder gruselst du dich etwa?"

Papa schüttelt den Kopf.
Er wickelt sich ganz fest
in seinen Schlafsack.
Kein Haar guckt mehr heraus.

„Danke, das war lustig, Niesbert",
flüstert Luca.

Niesbert wispert zurück:
„Morgen müsst ihr tagsüber
meine Eltern erschrecken!"

Na klar!
Luca, Sofie und Paul
freuen sich schon darauf.

☞ Wer gruselt sich in dieser Nacht?

Lösungen

Seite 16

Die Kinder schauen Niesbert erstaunt an,

weil er gesagt hat, dass er ein Gespenst ist.

Seite 20

Dem Fuchs gehört die Höhle.

Hier siehst du
die richtige Tierspur:

Seite 23

Weil Opa Sofie zuzwinkert, weiß sie,

dass er einverstanden ist.

Das ist das richtige Bild:

Seite 29

Sie steckt ihn sicher wieder in die Waschmaschine.

Seite 33

Eine reife Kastanie hat Paul
am Kopf getroffen.
Hier siehst du sie:

Seite 37

Sie denken, dass das Baumhaus auseinanderfällt,
weil morsche Äste herunterfallen.

Seite 39

Hier versteckt sich
Niesbert:

Seite 45

Nur Lucas Papa gruselt sich.

Frauke Nahrgang wurde 1951 in Stadtallendorf geboren, wo sie auch heute noch lebt. Als Grundschullehrerin beschäftigte sie sich viele Jahre intensiv mit dem Erstleseunterricht. Auch als Kinderbuchautorin hat sie sich einen Namen gemacht und veröffentlicht zahlreiche Bilderbücher und Bücher für Erstleser.

Hans-Günther Döring hat nach einer Ausbildung zum Schauwerbegestalter Kommunikationsdesign und Illustration in Hamburg studiert. Die Natur liegt ihm besonders am Herzen. Wenn er nicht am Zeichentisch sitzt, unternimmt er gerne ausgedehnte Wanderungen zu Fuß, mit dem Fahrrad oder dem Paddelboot – wobei sein Hund Oskar ihn gerne und oft begleitet. Hans-Günther Döring lebt mit seiner Familie in einem kleinen Ort bei Hamburg.

Frauke Nahrgang

Finn entdeckt das weite Meer
Delfingeschichten

Mit Bildern von
Hans-Günther Döring

Inhalt

Ein schöner Tag

Übermütig schaukelt Finn,
der kleine Delfin,
auf den Wellen.
Doch plötzlich
türmt sich das Meer
hoch auf.
Was ist nun los?

52

Es ist der Wassermann,
der da so tobt.
„Meine Tochter,
die kleine Nixe Nell,
ist verschwunden",
schluchzt er.

Sofort macht Finn
sich auf die Suche.
Er fragt den Hai
und die Qualle
und die kluge Muschel.

Aber niemand hat
Nell gesehen.

☞ Wen fragt Finn nach der Nixe?

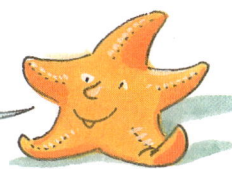

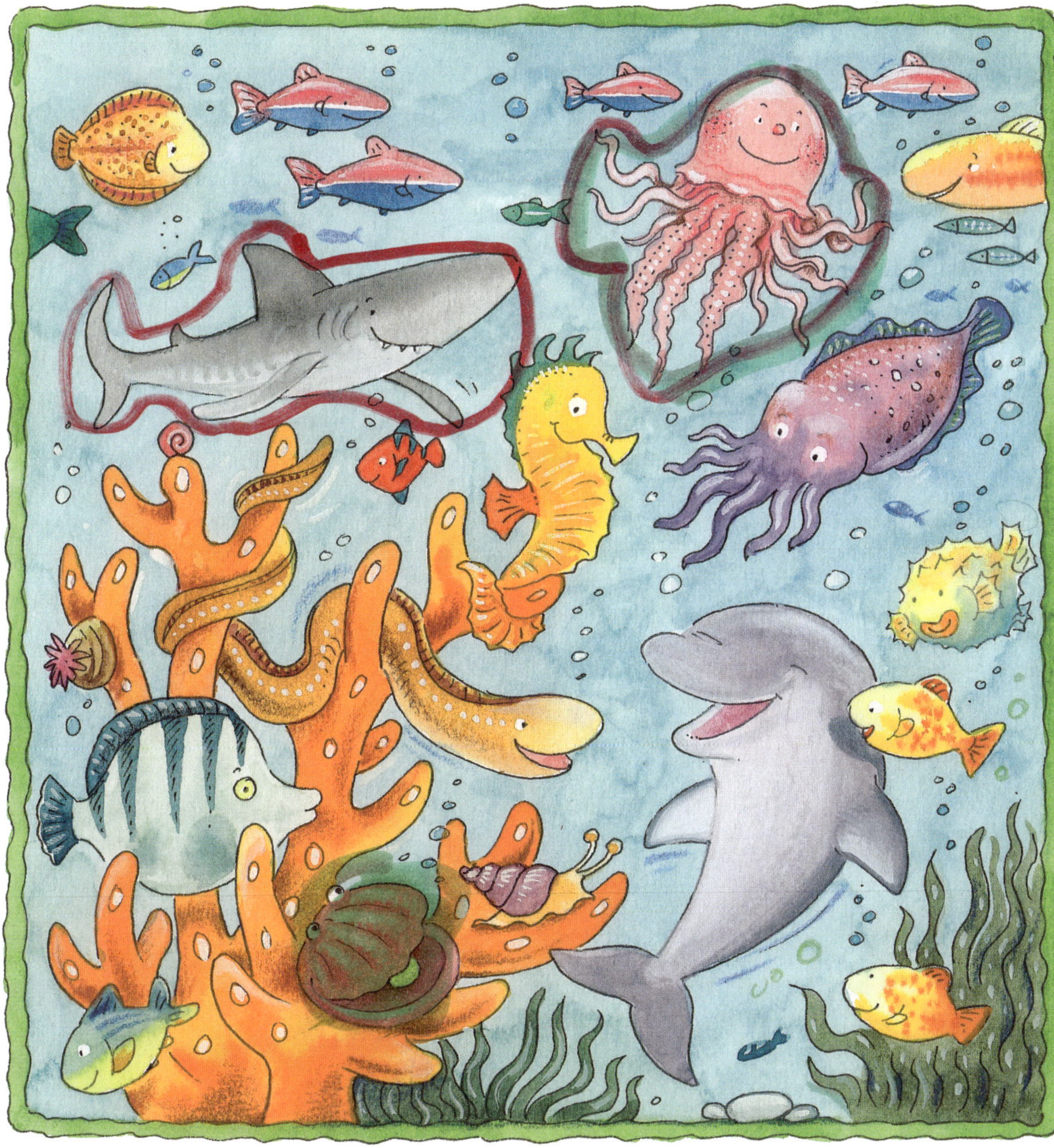

Endlich findet Finn
die kleine Nixe.
Sie ist im Korallenwald
bei Familie Seepferdchen.

Dort spielt Nell
mit den kleinen Fohlen.
Dabei hat sie die Zeit
wohl ganz vergessen.

„Dein Vater heult sich schon
die Augen aus", mahnt Finn.

Vor Schreck wird die Nixe dunkelgrün.

Hastig springt sie
auf Finns Rücken,
und Finn braust los.

☞ Wo findet Finn die kleine Nixe?

Überglücklich schließt
der Wassermann
seine Tochter in die Arme.

„Danke, Finn!", sagt er.
„Du darfst dir etwas wünschen!"

58

„Ich wünsche mir
neue Schaukelwellen!",
sagt Finn und lacht.

Dann lässt sich Finn
gemütlich
von den Wellen schaukeln.
Was für ein schöner Tag!

Bravo, Finn!

Finn spielt gern
in der blauen Bucht.

Am Strand sind immer Menschen.
Sie bewundern Finns Purzelbäume
und klatschen Beifall.

60

Dem alten Wal Sam
gefällt das gar nicht.
„Du bist ein Delfin
und kein Clown",
tadelt Sam oft.

Aber Finn schwimmt
trotzdem immer wieder
in die Bucht.

Sturm!

Meterhohe Wellen!

Das Meer braust und tobt.

Endlich legt sich das Unwetter.

Da kommt die Möwe Emma

angeflogen und krächzt:

„Sam ist in der Bucht gestrandet."

☞ Welche Nachricht bringt Emma?

62

Sam ist in Gefahr?
Sofort schwimmt Finn los.
Bald entdeckt er den alten Wal.
Sein Rücken ragt weit
aus dem flachen Wasser.

„Komm zurück, Sam!",
ruft Finn.

Traurig zuckt der Wal
mit seiner Flosse.
„Die Flut hat mich
angeschwemmt",
klagt er.
„Überall sind Sandbänke.
Ich finde nicht mehr heraus."

64

In der blauen Bucht
kennt Finn sich aus.

Schnell schwimmt er
zu dem Wal
und zeigt ihm den Weg
ins offene Meer.
Bald ist Sam wieder
in Sicherheit.

„Gut, dass du manchmal
auch ein Clown bist",
sagt der alte Wal.
Da schlägt Finn vor Freude
einen Purzelbaum.

Die Menschen am Strand
klatschen Beifall und rufen:
„Bravo, Finn!"

Ein Schiff für den Klabautermann

Nahe der Hummer-Insel
liegt die GRÜNE QUALLE
vor Anker.

Das alte Schiff
ist morsch und kaputt.
Die Seeleute sind
schon lange
von Bord gegangen.

Welches Bild zeigt die richtige GRÜNE QUALLE?

69

Nur der Klabautermann
hockt noch immer
traurig auf der Reling.

„Ein Klabautermann ohne Schiff
ist gar kein richtiger Klabautermann",
jammert er.

„Wir suchen dir
ein neues Schiff",
schlägt Finn vor.

Er nimmt
den Klabautermann
auf seinen Rücken
und schwimmt los.

Auf dem Ozean
gibt es viele Schiffe.

Aber die alten Schiffe
haben alle schon
einen Klabautermann.

Und die modernen Schiffe
brauchen keinen.

Enttäuscht
kehren die Freunde
zur Hummer-Insel zurück.

Am Strand sitzt Pedro,
der Fischer.
„Mein Boot ist gesunken",
klagt er.
Da hat Finn eine Idee.

73

Finn flüstert Pedro
etwas ins Ohr.
Der ist begeistert.

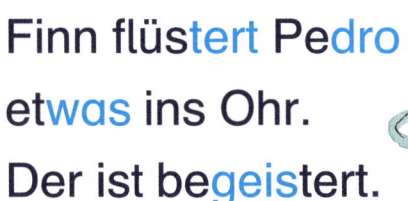

Sofort macht Pedro sich
an die Arbeit.
Bald kann die GRÜNE QUALLE
wieder in See stechen.

☞ Was hat Finn dem Fischer
wohl ins Ohr geflüstert?

„Komm mit, Finn!",
bittet der Klabautermann.

Finn lacht.
„Ich bin ein Delfin
und kein Klabautermann",
sagt er.
Zum Beweis winkt Finn
mit seiner Flosse.

So eine schöne Kiste!

Im Riff findet Finn eine Kiste.
Eine Kiste mit Deckel.
So etwas hat er sich
schon immer gewünscht.

Finn sammelt nämlich
bunte Muscheln.
Aber oft tragen die Wellen
die schönsten Muscheln
einfach davon.

In einer Kiste kann Finn
seine Sammlung
sicher verwahren.

Leider ist die Kiste
vernagelt.
Doch zum Glück
schwimmt gerade
der Schwertfisch vorbei.

Für ihn sind Nägel
kein Problem.
Schnell ist der Deckel auf.

Aber die Kiste ist ja randvoll.
Kein Platz für Muscheln!
Schade!

„Das ist Gold!",
staunt der Schwertfisch.
Da gibt Finn ihm
ein Goldstück
als Lohn für seine Arbeit.

☞ Wer öffnet die Kiste für Finn?

Vor Bewunderung
bläst der Kugelfisch
die Backen auf
und blubbert:
„Finn, du bist reich!"

Da schenkt Finn ihm
auch ein Goldstück.

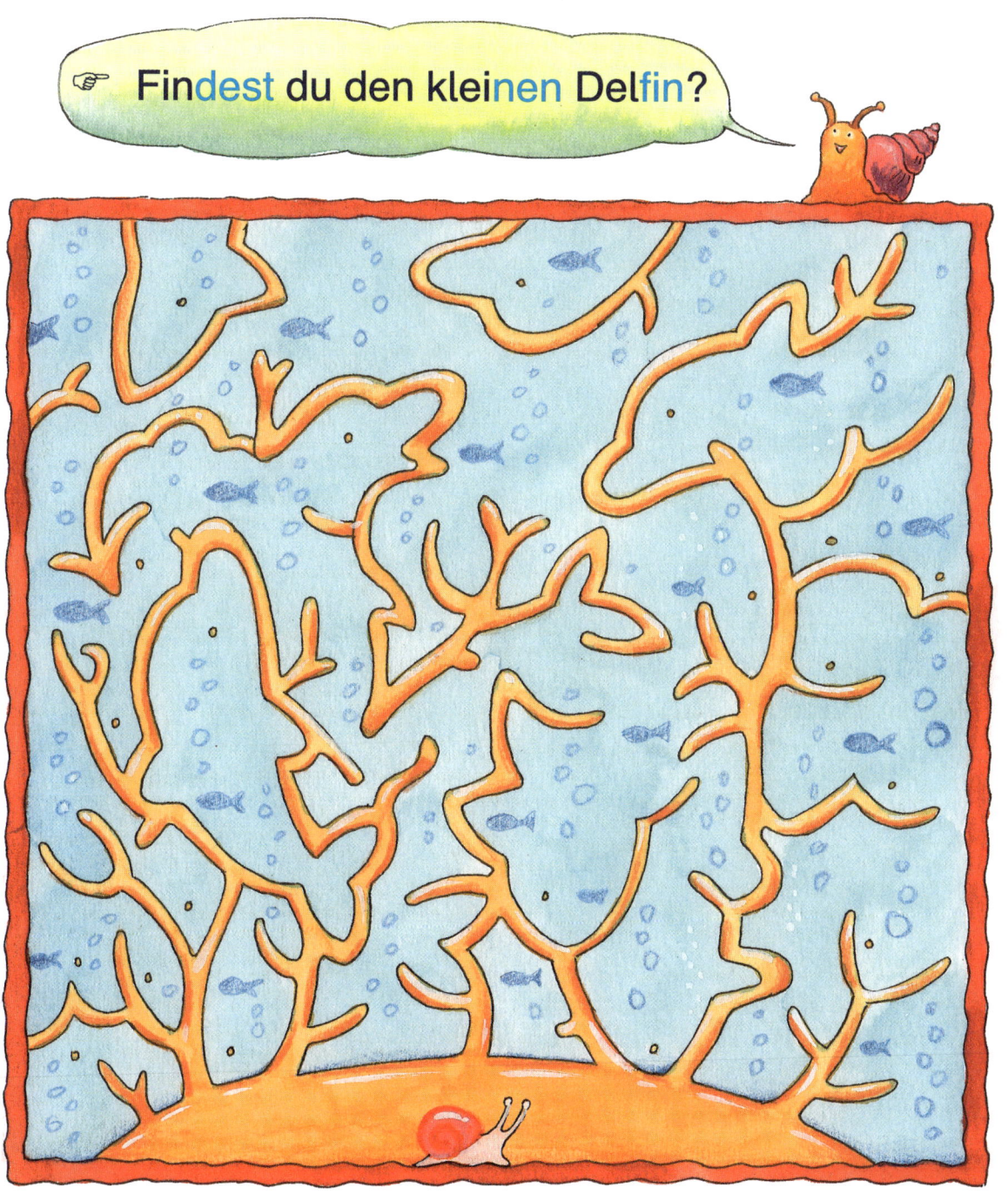

81

Das Seepferdchen hat
schlechte Laune.
Ein Goldstück
macht es wieder froh.

Der Wassermann sucht
ein Geschenk
für seine Tochter.
Ein Goldstück wird ihr
sicher gefallen.

Finn verschenkt ein Goldstück
nach dem anderen.
Bald ist die Kiste leer.

Juhu!
So eine Kiste hat Finn
sich schon immer gewünscht.

Vergnügt taucht er
nach bunten Muscheln.

Lösungen

Seite 55
Finn fragt den Hai, die Qualle und
die Muschel nach der kleinen Nixe.

Seite 57
Finn findet die kleine Nixe
bei Familie Seepferdchen.

Seite 62
Emma berichtet, dass Sam in der Bucht gestrandet ist.

Seite 66
So kommt Sam zurück ins offene Meer:

Seite 69
Dies ist die „richtige"
GRÜNE QUALLE:

Seite 74

Finn hat Pedro vorgeschlagen,
die GRÜNE QUALLE zu reparieren.
Jetzt hat der Klabautermann wieder ein Schiff!

Seite 79
Der Schwertfisch öffnet die Kiste für Finn.

Seite 81
Hier siehst du den kleinen Delfin:

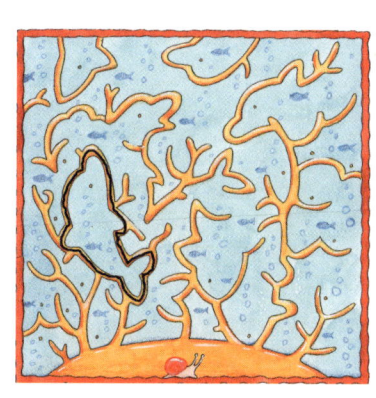

Christina Koenig studierte nach Berufsausbildungen Film und Kommunikation (HDK Berlin / UFF Rio de Janeiro) und leitete u. a. ein prämiertes edukatives Filmprojekt in Brasilien. Seit vielen Jahren schreibt sie nun schon Bücher für Kinder und Jugendliche und formt Engel-Unikate in ihrer Werkstatt. Schreibtisch und Atelier befinden sich heute in der Altstadt von Meißen (www.koenigin-christina.de).

Hans-Günther Döring hat nach einer Ausbildung zum Schauwerbegestalter Kommunikationsdesign und Illustration in Hamburg studiert. Die Natur liegt ihm besonders am Herzen. Wenn er nicht am Zeichentisch sitzt, unternimmt er gerne ausgedehnte Wanderungen zu Fuß, mit dem Fahrrad oder dem Paddelboot – wobei sein Hund Oskar ihn gerne und oft begleitet. Hans-Günther Döring lebt mit seiner Familie in einem kleinen Ort bei Hamburg.

Christina Koenig

Tatze und die Eispiraten
Eisbärengeschichten

Mit Bildern von Hans-Günther Döring

Inhalt

Wo ist die Eis-Prinzessin?

Der kleine Eisbär Tatze
blinzelt träge aus seiner Höhle.
Überall glitzert und leuchtet es
wie tausend Funkelsterne.

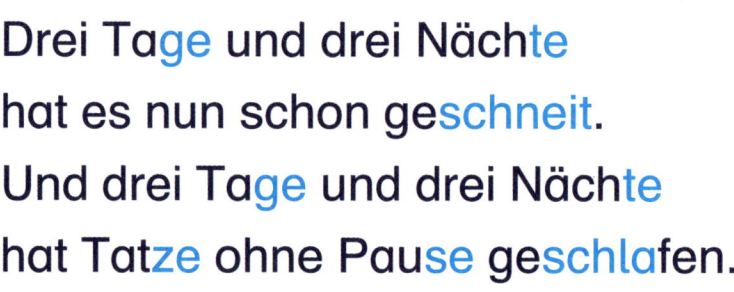

Drei Tage und drei Nächte
hat es nun schon geschneit.
Und drei Tage und drei Nächte
hat Tatze ohne Pause geschlafen.

Tatze gähnt und streckt sich.
„Eis-Prinzessin, wo bist du?",
ruft er in die weiße Welt.

Auch der Regenbogen ist weg!
Eben noch ist er darauf
mit der Eis-Prinzessin
um die Wette gerutscht.
Oder war alles nur ein Traum?

Tatze schlägt ein paar
wilde Purzelbäume im Schnee.
Dann stapft er weiter
zu seinem Nachbarn Ole.

„He, Ole, hast du
die Eis-Prinzessin gesehen?",
fragt Tatze.

Rentier Ole schüttelt den Kopf.
„Frag doch die Robbe, Tatze.
Vielleicht weiß die ja was."

„Hallo, Ella, hast du vielleicht
die Eis-Prinzessin gesehen?",
fragt Tatze die Robbe.

„Nö", antwortet Ella.
„Aber Frau Möwe,
die könnte was wissen.
Die sieht doch immer alles."

Frau Möwe macht gerade
tollkühne Flugübungen.
Hoch über den Eisbergen.
Sie ist Kunstfliegerin.

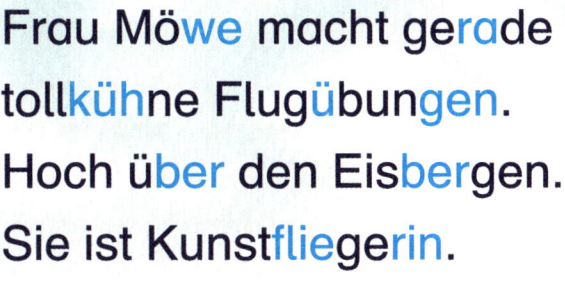

„Hallo, Frau Möwe!",
ruft Tatze in den Himmel.
„Hast du da oben
die Eis-Prinzessin gesehen?"

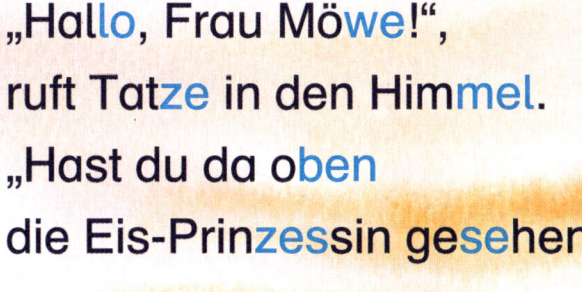

„Eine fliegende Eis-Prinzessin?"
Frau Möwe fällt fast vom Himmel
vor Lachen.

Auch Walli Wühlmaus,
die mit einem Fernglas
nach Abenteuern sucht,
hat keine Ahnung.

☞ Wen fragt Tatze nach
der Prinzessin?

Und weil die Tiere
alle neugierig geworden sind,
ziehen sie mit Tatze los,
um die Eis-Prinzessin zu suchen.

97

☞ **Wel**che **Tiere** füh**len** sich im Schnee nicht wohl?

Piratenschlitten ahoi!

Als die Sonne langsam müde wird,
entdeckt Frau Möwe
ein windschiefes Piratenschiff.
Es steckt im Eis fest.

☞ Warum kann
das Piratenschiff
nicht mehr fahren?

„So ein verfluchter Mist!",
poltert Kapitän Knickohr,
als die Freunde
bei ihm anklopfen.

„Wir stecken hier fest
wie ein Finger in der Nase."
Pirat Stachelbart nickt grimmig.

„Ich weiß was!",
ruft Walli Wühlmaus eifrig.
„Wir bauen einen Schlitten!
Damit geht es hui übers Eis!
Und wir finden ganz schnell
die Eis-Prinzessin."

101

Eine Eis-Prinzessin?,
überlegt Knickohr listig.
Die hat bestimmt
einen feinen Goldschatz . . .

Bald schon
ist der Schlitten fertig.

☞ **Wel**cher **Weg führt zum Schatz?**

Der Kapitän stopft schnell
seine Augenklappen-Sammlung
in den hohlen Holzarm.

Und dann geht es
blitzschnell über das Eis.

Überraschung im Schnee

„Los, wir spielen was!",
schlägt Stachelbart vor.
Vom klirrekalten Fahrtwind
hat seine Nase schon Eiszapfen.

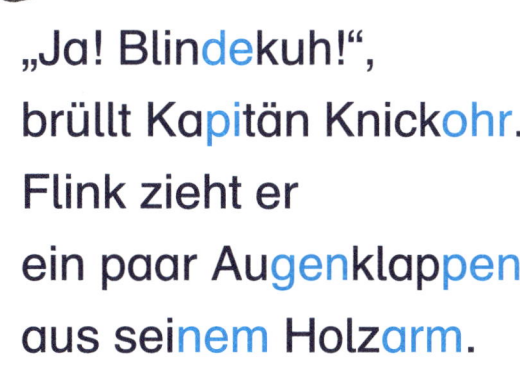

„Ja! Blindekuh!",
brüllt Kapitän Knickohr.
Flink zieht er
ein paar Augenklappen
aus seinem Holzarm.

105

„Ich fange an!",
ruft Tatze.
Er setzt zwei Augenklappen auf
und tappt bei heller Sonne
im Dunkeln.

„Ich hab dich!",
freut sich der kleine Eisbär,
als seine Tatzen etwas fühlen.

Wer das wohl ist?

Ein Igel?

Eine Wurzelbürste?

Oder gar ein Borstenschwein?

„Bist du etwa . . . Stachelbart?",
fragt Tatze ein wenig unsicher.
Er hat richtig geraten.

Nun ist Stachelbart an der Reihe.
Hilflos stakst er herum
und tritt dem Kapitän vors Bein.
Aus Versehen.

„Doppelt verflixtes Piraten-Au!",
brüllt Knickohr los.
Sein Holzarm landet
auf Stachelbarts Nase.
Aus Versehen.

„Das ist ja einfach.
Knickohr ist es",
sagt Stachelbart kleinlaut
und reibt sich die Nase.

Woher weiß Stachelbart,
dass es Knickohr ist?

„Ich bin dran! Ich bin dran!",
drängelt Kapitän Knickohr
und stolpert eifrig drauflos.

Wie viele Robben schauen beim Blindekuh spielen zu?

110

Nach einer halben Ewigkeit
spürt Knickohr plötzlich
zwei runde Pausbacken
zwischen seinen Händen.

„Wer ist denn das?", knurrt der Kapitän.

Tamim

„Kein Bärenfell, kein Stachelbart?
Kein Rentier und
kein Mäuseohr?
So was wie du
kommt hier nicht vor!"

„Wer bist du?
Ein Feind?",
raunt Knickohr.

„Nein, nein.
Ich bin Nanuk,
ein Eskimo-Junge.
Ich habe mich gestern
im Nebel verlaufen."

„Dann bringen wir dich jetzt
nach Hause", beschließt Tatze.
„Das ist ja wohl Ehrensache."

Ein fröhliches Fest für alle

Nanuks Eltern
sind überglücklich.
Endlich ist Nanuk
wieder bei ihnen!

Tatze und seine Freunde werden
vom ganzen Dorf gefeiert.

„Mannomann!",
brummt Stachelbart
und reibt verlegen
seine Wange.

„So viele Schmatzer habe ich
noch nie bekommen."

Auch Knickohr ist feuerrot
vor lauter Küsschen-Glück.

„Da ist sie ja,
die Eis-Prinzessin!",
jubelt da plötzlich
der kleine Eisbär.

☞ Wen hat Tatze
entdeckt?

Nanuk muss lachen.
„Das ist doch bloß Suma!
Meine kleine Schwester!"

Tatze schaut Suma verzaubert an.
„Sie sieht genauso aus
wie die Eis-Prinzessin
in meinem Traum."

Suma wirbelt einen Schweif
Eiskristalle durch die Luft.
Das Licht spiegelt sich darin
in allen Farben des Regenbogens.

„Es ist doch die Eis-Prinzessin",
flüstert Tatze leise.
Seine Bärenaugen
leuchten vor Glück.

118

Und dann wird gefeiert!
Denn nun sind alle froh:
Nanuk, weil er wieder
zu Hause ist.

Knickohr und Stachelbart,
weil so ein Küsschen-Regen
auch irgendwie ein Schatz ist.

Walli Wühlmaus, Frau Möwe,
Robbe Ella und Rentier Ole,
weil die getrockneten Fischschwänze
so lecker sind.

Und der kleine Eisbär Tatze,
weil er doch noch
seine Traum-Prinzessin
gefunden hat.

Wer sind die neuen Gäste auf dem Fest?

Lösungen

Seite 96

Tatze fragt das Rentier Ole, die Robbe Ella, Frau Möwe und Walli Wühlmaus nach der Eis-Prinzessin.

Seite 98

Diese Tiere fühlen sich im Schnee nicht wohl: der Regenwurm, die Giraffe, der Elefant, der Schmetterling und die Schnecke.

Seite 99

Das Schiff kann nicht mehr fahren, weil es im Eis festgefroren ist und ein großes Leck im Schiffsrumpf ist.

Seite 103

Dieser Weg führt zum Schatz:

Seite 109

Stachelbart hat Knickohr an dessen Stimme
und am Holzarm erkannt.

Seite 110

15 Robben schauen beim
Blindekuh spielen zu.
Hier siehst du sie:

Seite 116

Tatze hat die Eis-Prinzessin
aus seinem Traum entdeckt.

Seite 121

Hier siehst du,
wer alles neu auf dem Fest ist:

Mein
Abc-Lesestart

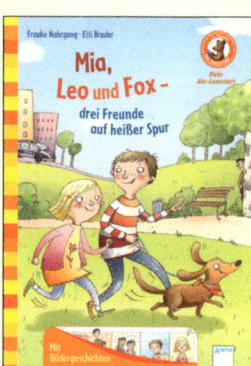

Mia, Leo und Fox – drei
Freunde auf heißer Spur
978-3-401-71330-4

Ferien mit Lotti,
dem kleinen Pony
978-3-401-70896-6

Ein Kuschelmonster für
die Lesenacht
978-3-401-70961-1

Erdbeerinchen Erdbeerfee.
Im Erdbeergarten ist was los
978-3-401-70817-1

Jeder Band: Ab 5/6 Jahren • Mein Abc-Lesestart • Durchgehend farbig illustriert
48 Seiten • Gebunden • Format 17,5 x 24,6 cm

Mit Bücherbärfigur
am Lesebändchen
und Bildergeschichten

Zeilentrennung nach Sinneinheiten

Bildergeschichten erleichtern
das Leseverständnis

Große Fibelschrift

Heute ist
Millis erster Schultag.
Sie ist jetzt
eine echte Schulmaus.

Milli läuft los.
Den Weg
kennt sie
genau.

SCHULE

Viele farbige Bil

Innenseite aus »Millis erster Schultag«
ISBN 978-3-401-70891-1

Die Reihe »Mein Abc-Lesestart« richtet sich an Leseanfänger nach dem Abschluss des
Buchstabenlernens. Mithilfe von Bildergeschichten und kurzen Leseeinheiten ist das
Erlesen einer ersten durchgehenden Geschichte kinderleicht.

In Zusammenarbeit r
westermann

**SuperMaunz,
die magische Katze**
Lustige
Abenteuergeschichten
978-3-401-70816-4

**Milla und ihre magischen
Freunde**
Freundschaftsgeschichten
978-3-401-70800-3

**Greta Glückspilz. Eine
Schultasche voller Glück**
Lustige Schulgeschichten
978-3-401-71102-7

**Paul. Plötzlich Vampir!
Ein Schultag mit Biss**
978-3-401-70566-8

Jeder Band: Ab 5/6 Jahren • Allererstes Lesen • Durchgehend farbig illustriert
48 Seiten • Gebunden • Format 17,5 x 24,6 cm

t Bücherbärfigur am
sebändchen und
serätseln

Einfache Geschichten
mit kurzen Zeilen

Große Fibelschrift und Zeilentrennung nach Sinneinheiten

t Bilder-
d Leserätseln

Was für ein Dinosaurier ist der kleine Zack?

Da ruft eine Stimme
von oben:
„Du hast ja
gar keinen Hals!"

Erschrocken schaut Zack auf.
Ein Langhals!
Hochnäsig
stolziert er davon.

T-Rex

Flugsaurier

Apatosaurus

Triceratops

12

Viele farbige
Bilder

Innenseite aus »Zack und seine Freunde«
ISBN 978-3-401-70073-1

Die Reihe »Allererstes Lesen« ist auf die Fähigkeiten von Leseanfängern abgestimmt:
Übersichtliche Leseeinheiten und kurze Zeilen sind ideal zum Lesenlernen.
Die ausdrucksstarken Bilder unterstützen zudem das Textverständnis.

In Zusammenarbeit mit
westermann